*Réflexions et Mélancolie*

# RÉFLEXIONS

## et

# MELANCOLIE

## Harry Trincheti
### POESIES

*Réflexions et Mélancolie*

**Autres ouvrages de l'auteur**

Recueil de pensées, 2019.

Blandine, souvenirs d'enfance 2020.

Williamina Stencil, 2020.

Le Dandysme, 2019.

\*\*\*\*\*\*\*\*\*

Pour contacter l'auteur : harrytrincheti@gmail.com

*Réflexions et Mélancolie*

*Réflexions et Mélancolie*

## Préface

### ' Les poèmes arrachés '

Entre 1848 et 1872, un dictateur nommé Napoléon trois, simple neveu d'un autre, lui vrai Empereur, devint le premier président dictateur élu au Palais de l'Élysée où d'autres dictateurs y ont pris la suite, hélas. 1848 était la deuxième république et 1870 devint lentement la troisième république. 1848 commença par un massacre et 1870 finit par un massacre. 1848 donnera 1958 et 1870 donnera 1970... Lois d'obligations sur le temps. L'un hurlait : il fallut, et le peuple implora : eut-il fallu. L'un mangeait et chantait à sa volonté et l'autre écrasé, broyé et esclave, mendiait et « crevait de faim ». De cette période sont nés des poètes dits « *arrachés* ». De leurs mots, phrases, écrits, ne coulaient que de la tristesse, de la mélancolie, de la pitié, de l'imploration, du désespoir. Beaucoup sont tombés dans le bas du bas de la misère et de la détresse, d'un peuple agonisant. Leurs seuls espoirs de survivre : l'écriture. Mais les mots y sortaient plus noirs que la houille des mines, plus triste qu'après un déluge, plus funeste qu'après un volcan dévastateur.

Les paroles et les mots s'associent. Mais malheureusement se mêlent, dans le temps et dans les temps, à tous les malheurs qui ont frappé la terre, par logique et illogique. Volcans, tempêtes, cyclones, tsunamis, séismes, mais aussi, cupidité, absurdité, narcissisme, folie et j'en oublie. Pour les humains : Guerres, pillages, massacres, violences, manipulations, malheurs, famines, esclavage parfois volontaire. Que de pleurs et de larmes jaillissaient de toutes sortes d'yeux, beaux et laids. Verts, bleus, marrons, noirs, tous ont fondu dans la tristesse et la solitude, la douleur ou la souffrance. Une sale phrase dit : « avec le temps, il faut oublier...'' Non ! jamais ! Oublier,˙ c'est laisser cette infâme possibilité de revenir, de repartir à zéro, de refaire, et donc d'endurer ce que les aînés, nos aînés ont souffert. On ne joue pas avec la vie de la même façon qu'avec une peluche ou une poupée.

Pour les écrivains, la misère est une étape vers... Le naufrage est obligatoire et offre la possibilité de couler aussi bas que possible pour revenir en force. Beaucoup pensent qu'il est nécessaire de se frotter à la misère et à la détresse profonde pour faire de belles phrases et en tirer le meilleur parti. Ils n'ont pas tort, les paroles de misère, de tristesse et de néant sont puissantes et souvent belles à pleurer. La déchéance est une phase spéciale, si le futur veut vous ouvrir ses portes par la suite. Le déclin est prodigieux, mais la hausse millimétrique est une victoire fabuleuse.

Larmes d'hier et larmes d'aujourd'hui unissez-vous, pour me rendre heureux. Le beau ne dit pas de mots, le laid est sublime. Ouate est ordinaire, mielleuse aussi, bleu est triste tout comme soleil. Mais implorer, supplier, espérer sont puissants, beaux, imposants. La détresse est sublime, la pitié est puissante, à l'image des cris, du désespoir, des larmes, de la détresse, du carillon de la tristesse. Tout comme ramper, vouloir, repousser. Ne rejetez pas d'une main le passé ou les mots, parce qu'ils reviendront demain plus terribles. Bouffez-les, et demain s'ils s'approchent, vous saurez comment les repousser, car vous aurez connu. Il faut avoir connu le bas pour aller vers le haut. -Le premier ou la première qui dit bateau, je les griffe… Non, d'une crotte de lapin…

Bonne lecture gens courageux d'un futur heureux.

Toutes les citations sont de l'auteur

.

Toi et vous qui m'avez poussé là, je vous en remercie grandement et prie pour votre bonheur, pour que vos lendemains soient beaux, heureux et fiers. Il ne faut pas accabler ceux et celles qui jettent la pierre ou les pierres. Allez en paix… Moi je vis actuellement la mienne, si noire, si lugubre, si amorphe et même si parfois je la hurle, c'est pour vous faire peur et ne pas vous en approcher. Il faut être fort pour supporter cela et vous n'en avez pas la force… je le subis pour vous. Mon chemin de croix devient une protection pour vous. La tristesse et la déchéance est un royaume que vous ne devez pas connaître, ni vous approcher.

*Nous peuple, avons la gentillesse de souffrir pour vous, ne nous en remerciez pas, c'est notre repas ancestral, nous y sommes maintenant habitués. Que votre dieu si puissant vous protège de cette misère si immonde, si sale, si abaissante. Marchez dans la lumière, pendant ce temps, nous ramperons dans les ténèbres. Courage à vous, allez en paix et surtout, soyez y heureux et heureuses.*

~~~ *Citation* ~~~

*Cette femme n'est pas comme vous le dites froide, encore moins un glaçon, mais tout simplement et modestement, un iceberg de l'Antarctique.*

Toi, ma femme, celle que j'ai rencontrée, celle que je voulais, celle que j'ai voulu pour moi, celle que j'ai enfin par bonheur pu aimer, regarder, tenir, respirer, te voilà maintenant entre ces planches immondes, froides, impersonnelles que l'on appelle cercueil. Je te regarde là, et n'y vois plus ta vie, ta chaleur, ta respiration, toi. Tout ce que je vois, c'est un corps enseveli dans du bois sale, répugnant, insultant et irrespectueux. Nous avons vécu sous la dictature d'un fou qui se moquait de nos vies simples et misérables comme tant d'autres en ces temps sombres. La misère de chaque seconde repoussait nos volontés, nos désirs, notre avenir jusqu'à plus tard, mais quand, nous n'en savions rien... Seulement, nous espérions, serrés l'un contre l'autre dans nos tremblements de froids et de faim. Tu es là bien silencieuse maintenant, toi qui chantonnais toujours. Je te vois bien sérieuse, toi qui souriais toujours. Il va bien falloir m'y faire, tu es, hélas morte. Le soleil de mon sourire avec toi disparaitra pour toujours. La portée de mon regard sera réduite, ma respiration est déjà différente. Je n'ai même pas le courage de pleurer ou de crier ou quoi que ce soit; je suis également mort. L'ignominie qui m'est imposée en ce moment, je n'y ai jamais songé, je l'ai repoussée à chaque seconde. Cet instant est malheureusement là à tes côtés, à mes côtés, à nos côtés. Les petites chansons que tu avais l'habitude de fredonner me viennent à l'esprit non pas pour avoir un sourire, mais avec des larmes qui coulent au-dessus de toi. Je ne peux, hélas me coucher à côté de toi, comme quand nous dormions serrés l'un contre l'autre, heureux...

Avec toi, une feuille encore verte est tombée de l'arbre de la vie, elle aurait dû tomber beaucoup plus tard, orange ou rouge vermillon. Va femme, va ma femme, vers d'autres mondes plus beaux, je le veux puissamment. Qu'ailleurs te vois rire, chantonner, sourire et heureuse… Adieu, ma demie, adieu ma vie, adieu mon univers… je dois maintenant te quitter, car la terre dans laquelle tu vas être placée ne veut plus attendre ta venue, elle s'impatiente grandement. Je vais devoir repartir là-bas comme un fantôme et continuer ma vie immondément seul. La guenille de ce qu'il reste de ma vie va maintenant m'accompagner jusqu'au dernier souffle du futur inexistant… Adieu, toi mon aimée.

Décembre 1871

Il pleut sur cette campagne, aussi dru que dans ma tête, que sur mon corps et dans mes pensées. Pluies diverses, faites ruisseler sur mon visage si triste, vos larmes que l'on peut appeler des perles de cristal, pour s'assembler aux miennes si fades et si ordinaires. Que ces larmes de pluie remplacent celles qui coulent de mes yeux chagrins et malheureux. Que la tristesse devienne moi. O' toi, tristesse, je t'ouvre longuement et largement les portes de ma vie et te remercie de ta présence si belle en ces fastes instants de solitude maladive. Mon existence tellement morbide se confond avec le ciel si noir, si épais, si incontrôlable, si apeurant.

*Le désespoir de ma triste vie atteindra un jour ou une sale nuit, le paroxysme de l'impossible et du plus vouloir. Quand enfin disparaitra le beau et le merveilleux, j'aurai chemin libre pour choisir entre le jamais ou le plus jamais. Vie qui m'a donnée une partie de toi pour me rendre si malheureux, si perdu, si lasse, je t'en remercie grassement, et m'agenouille devant mon chemin fantomatique encerclé de larmes, de peines, d'incertitudes et de chagrin.*

*Que demain vienne le beau et je le repousserai,*

*Que demain vienne l'honneur et je le mépriserai,*

*Que demain vienne le bonheur et je le fuirai,*

*Que demain vienne la déchéance et je lui ouvrirai mes bras, je lui donnerai mon corps, mon cœur, mon sang, mes dernières forces, mes derniers espoirs perdus et mes volontés aussi.*

*Mon existence a été une campagne triste où il pleuvait toujours. Les vents solitaires fouettaient fortement mon bonheur imaginaire, sans y faire vraiment attention. Moi, là, j'espérais, j'implorais, je suppliais les éléments pour que tout cela cesse, mais le vent, ou les vents emportaient au loin victorieux en ces temps malicieux, mes volontés, mes peines et mes espoirs. Seul, là, fatigué, exténué et éreinté, mon regard perdu cherchait dans cet immense vide de rien, un quelque chose, un plus, un peut-être, un pas sûr, un certain ou un incertain. Que la distance est grande quand le regard ne se pose sur rien ou sur seulement quelque peu. La certitude de l'instant annule l'indécis de l'avant. Vents, chahutez-moi, déambulez-moi, faites-moi tanguer, fouettez-moi,* désordonnez-moi, désorientez-moi... Je me laisse guider dans cette immensité avec ses limites et j'avance vers... Vous impalpables, encerclez-moi de vos bras, de vos chaleurs, de vos fantômes, enveloppez-moi dans vos incertitudes, dorlotez-moi dans votre irréalisme, mais je vous en prie, ne me lâchez pas ou point.

Je n'accepterai jamais de rentrer au paradis de la douleur. Les bas-fonds de la détresse sont plus magnifiques, et leurs murs dégoulinants de larmes sont un lieu de béatitude fascinant. Le paradis est-il un lieu de bonheur ou de douleur, nul ne le sait. Sommes-nous actuellement au paradis, et, si oui, alors lequel est-il ?

Douleur, peux-tu me dire qui tu es exactement, car je ne sais vraiment te comprendre, te détecter, te soigner. Tu viens et tu pars sans avertir, sans t'annoncer, parfois sans laisser de trace. Je t'ai côtoyé douleur, mais je ne me souviens plus vraiment à quoi tu ressemblais, où tu étais, et ce que je ressentais. Le temps me dit quelquefois, qu'il ne faut *qu'un rien pour te revoir, mais suis-je d'accord pour cela, t'accepterai-je longtemps, et serais-je de bonne humeur à te voir rentrer dans ma maison ?*

*Les murs de ce que m'en disent les autres, sont encore imprégnés des cris, des râles, des hurlements, d'implorations fatiguées, lassent, déçues de cette triste période.*

*Si tu viens douleur, viens juste en quelques minutes, puis pars loin de moi, loin de nous, loin de chez moi, et surtout ne va pas chez les autres de ma part, j'y veux des amis, pas des ennemis… Fuis, va t'enterrer dans la forêt, sous une montagne, dans une crevasse, dans un volcan ou au fond d'un abîme.*

*A jamais douleur.*

~~~ *Citation* ~~~

*La voix n'est que le courage des mots écrits en silence.*

*Un jour, une fleur poussant tranquillement dans un près eut une réflexion sur son avenir.*

*-Je sais se dit-elle que le passé a été, que le présent est, et que le demain sera. Mais se demanda-t-elle, est-ce que tout cela est une logique ou un illogisme ? Je vois par les autres qui me ressemblent que je suis fleur... mais quelle fleur suis-je vraiment ? Suis-je fleur du bien ou fleur du mal ?*

*La réflexion que se posait cette fleur fut pour l'avenir proche d'elle, un moyen de conversation intéressant.*

*-Tu es et tu ne dois pas te poser cette question... Une fleur peut être aussi bien celle du bien que celle du mal.*

-D'accord répondit la fleur, mais qu'est ce que le mal et le bien ?

-Le bien lui dit l'avenir, est le bonheur que recherche chacun… Quant au mal, il est le malheur que repousse chacun.

-En clair dit la fleur, bien et mal sont inverses

-Exact !

-Expliques-moi avenir, qu'est-ce que le bien ?

-Le bien est une douceur, un bonheur, une joie, un plaisir, un enchantement, une demande, un besoin.

-Et le mal est alors une tristesse, une peine, un refus, un repoussoir, un malheur, une obligation reprit la fleur

-Tout à fait !

-Alors logiquement, une fleur est la fleur du bien et non pas du mal

-Oui !

-Donc, faire quelque chose de mal, n'est pas bien

-Exact encore.

-Mais le mal est-il celui que l'on donne, ou celui que l'on reçoit ? Car faire du mal peut-être aussi un plaisir et celui que l'on reçoit, un plaisir aussi... la satisfaction donne des deux côtés un plaisir. Recevoir une fleur coupée est un plaisir, mais broyer la fleur refusée est aussi un plaisir... L'un est le plaisir de l'amour, l'autre le plaisir de la haine. Lequel des deux dois-je être ?

*L'avenir ayant dans son passé, connu les deux ne répondirent que peu ou pas...*

*-Avenir, ton silence me fait plaisir, il me fait un bien fou en m'éclairant sur le mal si impersonnel. J'ai choisi mon avenir... Je préfère être délaissée mais en souvenir, que aimer et oubliée... Je serais alors, fleur du mal.*

*Horizon si lointain, pareil à mes volontés mes espoirs évanouis et mes pensées détruites, je te veux aller plus loin pour que mon chemin demain ou plus tard ne cesse. Je veux marcher longtemps vers et dans cette déchéance sublime si enveloppante, même parfois et souvent rassurante. Beaucoup se font un palais sur des tapis d'or... Moi je me fais un palais sur un tapis de feuilles mortes, sur des morceaux de bois cassants et sur des herbes hautes me faisant croire à une protection fantasmagorique, mais mentalement protectrice. J'espère, je crois, je pense, mais actuellement je ne sais plus...*

*Sublimations mystiques du peu et du pas, du possible ou de l'impossible, je vous bénis bassement, non par peur, mais par respect pour vous, éléments terrestres ancestraux. Je deviens vous, je vous comprends et vous accepte… Je me joins à vos hurlements, vos colères, vos peines et vos volontés.*

*L'exaltation fait croire qu'il est possible que l'impossible devienne inverse. Mais quel est l'inverse du pas sûr, du possible dans ces temps impossibles, du peu dans une période où il n'y a pas. La peur par cette volonté ne devient-elle pas courage imaginaire, utopique, chimérique ?*

*Si les colères deviennent des volontés, les volontés des hurlements et les hurlements des peines, alors le pas et le peu, le possible et l'impossible, forment tous une chaine dont les maillons n'ont aucun rapport l'un avec l'autre, mais s'unissent dans un illogisme logique d'une masse inattendue et sans espoir de protection.*

Le soleil s'est levé ce matin, mais pourtant les hommes par milliers sont restés couchés sur le champ de bataille de la veille. Le soleil comme un héros brillant de mille feux était là, les hommes brillants de mille morts, aussi... Le soleil comme un héros de si haut est là, les hommes comme des héros de si bas sont là aussi...

L'un disparaîtra ce soir pour réapparaître demain, les autres disparaîtront ce soir et ne réapparaîtront plus jamais... L'un n'est pas pleuré, les autres si...

Parfois le héros n'est pas celui qui brille chaque seconde de mille feux, mais celui à qui l'on a fait croire qu'il allait briller de mille feux avec tant d'autres sur des champs de bataille, tellement inutiles.

*Mon corps jeté aux quatre vents comme une robe de tristesse pendu au fil à linge de la vie vacille çà et là sans volonté, sans courage, sans âme. Cette affreuse guenille que je suis devenue comme une mendiante sans force au moment de ses derniers soubresauts la flétrissant encore plus vers cette agonie tant recherchée. Cette infâme robe d'ignominie que voilà à présent fatiguée sans âme, sans pensées, sans rien, jetée là comme une ordurerie, vous fait fuir de honte et de dégout. Regardez si vous en avez le courage, la pitié qu'elle vous demande, qu'elle vous supplie, qu'elle vous implore, cette robe.*

*Je suis cette robe vacillante aux vents mauvais disait la poésie, qui m'emporte de çà de là pareil à la feuille morte. Hélas, la volonté de l'une n'entraine pas la volonté de l'autre. L'une combat et l'autre lâche... Moi, je subis ! Mon âme supérieure veut, mais mon orgueil lui combat toujours et encore. Je ne suis plus que le pantin désarticulé de leurs volontés. Ma vie n'est plus que l'illusion de la naïveté, alors que l'autre est l'illusion de la grâce. Pourquoi naïvement rester alors que la grâce vous ouvre gentiment ses bras...Et si demain était.*

~~~ *Citation* ~~~

*Si dieu existait, le Titanic aurait coulé vide.*

*Victoire j'ai enfin réussi à ouvrir tes portes, je suis là maintenant dans le salon de la grandeur et des lendemains. Les lumières s'allument pour moi, et nul ne connaitra cet instant si fabuleux. Il n'y a point de fierté derrière tout cela, point de rancune, point de mépris vers et envers, non, il n'y a que remerciement pour tout le temps passé à croire et à espérer seul dans ces nuits froides et tristes. Vous me vouliez faible, perdant et perdu, et bien non, j'ai réussi à passer la barrière du demain et de l'après.*

*Maintenant serein et paisible, je vais avancer tout doucement vers la béatitude, vers le futur calmement, attendant une fin heureuse, triste, mais, libératrice. Victoire, que je t'aime.*

Si comme il est dit anciennement, Dieu a créé l'humain à son visage, il l'a donc créé à son lui... Comme je le plains tristement, car il a dû souffrir toute sa vie. Les animaux sont captifs et esclaves, les humains sont méchants et tueurs, puis esclavagisés et prisonniers ; Alors lui, qu'a-t-il subi ? Mais peut-être était-il un enfant mal éduqué, capricieux, jaloux, turbulent, mal-aimé, battu, non voulu. Hélas après, les retombées sont terribles sur ses propres enfants. En tout cas, pour ma part : Paix à son âme.

*Parfois, ma sainte journée commence par un flot de sanglots silencieux, entouré d'images sans valeur dont l'âme profonde ne m'apporte plus rien d'heureux. La valeur des minutes futures me repousse vers une frayeur absolue me dégoûtant du temps qui passe tant et si vite.*

*O' toi temps, pourquoi ne t'arrêtes-tu plus pour me donner ou m'apporter un mieux sécurisant ? Te fais-je donc fuir si rapidement... Je te pardonne temps et subis ton effroyable cliquetis périodique, actuellement.*

Le carillon sonore de la tristesse et de ma solitude, ainsi que celui du bonheur et de la joie ne se mélangeant aucunement et ne sonnant pas à l'unisson. J'ai hélas pour moi la tristesse et la solitude qui prennent de l'avance, alors que le bonheur et la joie eux prennent du retard. Le temps n'est pas ou plus le même... Il prend deux chemins distincts, deux sons différents et deux approches opposées. Le destin est parfois taquin et joueur. Malheureusement, cela tombe sur moi, je n'ai vraiment pas de chance. En ai-je eu un sale jour ? ma mémoire l'a oubliée avec le manque de temps.

J'ai toujours cru comme tout être de ce monde ou de cette planète, naïvement que la possibilité était donnée par et pour. Mais je me suis trompé lourdement, ceux qui ne veulent pas imposent aux autres tous les mots et en reçoivent tous les maux. La naïveté de l'être est de donner et de recevoir, mais que donne l'autre et que veut-il que l'on reçoive ? Pour ce qui est de moi, l'on m'a donné et j'ai reçu... je dois alors faire avec. Un cadeau est un cadeau ; un présent est un présent ; un don, un don. Même s'il n'est pas celui que l'on voulait, celui que l'on pressentait ou espérait, il faut s'en contenter. Il faut lever le voile et prendre l'illusion de la naïveté, se taire et montrer l'illusion de la grâce. La belle sincérité est une attitude basse parfois, mais

respectueuse vers et envers, même son pire ennemi. Que viennent les colères, que viennent les hurlements, que viennent les jurons, les gestes vindicatifs et je les subirais. Que l'on me jette au sol, que l'on me frappe, que l'on me blesse ou plus et je me tairais, je subirais, j'accumulerais mais je ne colèrerai jamais…
Tel est mon destin, ma destinée, mon futur. Il faut que l'un pleure pour que l'autre rit, il faut que l'un subisse pour que l'autre continu, il faut que l'un ait mal pour que l'autre soit bien. Je ne vais pas dire que cela me plait, mais il le faut pour protéger les autres, pour qu'ils soient en paix, et heureux. La grâce et la naïveté sont deux compléments de cette vie humaine… Sommes-nous coupables ou bien payons-nous pour d'autres, je ne sais…

*Devais-je être mieux, je ne sais… Mais je fais avec.*

Dois-je être l'ange au fond du puits du chaos face à la colère divine. Je ne dois en aucune manière être ou devenir un volcan de plainte lançant des laves d'angoisses et de désespoirs. Être et paraître sont… je suis et je paraitrais tel que je le devrais.

La colère n'est pas bonne conseillère, mais le calme n'est pas mieux… L'un et l'autre, ennemis de toujours, doivent se demander qui a raison ou tort… Qui doit faire ou ne pas faire ? mais peut-être que le puits de chaos renferme un trésor ou que le volcan des plaintes détienne un bonheur impossible.

Le bonheur n'est pas toujours beau, le malheur n'est pas toujours moche. Il y a parfois de la joie dans le malheur et de la tristesse ou de la mélancolie dans le bonheur… le puits du chaos doit être à visiter en parcimonie, et le théâtre de la colère divine à entendre respectueusement. Venez à moi tous deux, je vous ouvre mes bras largement… Et si vous avez mal ou que vous n'êtes pas bien, je vous réconforterais, je vous réchaufferais, je vous rendrais digne, grands, et respectueux.

*Les étoiles brillantes comme de l'or, sont-elles fières de leur appellation en regardant la misère du monde, de ce monde, de notre monde, en clair, de notre planète ? Pour les pauvres, la couleur or des étoiles est un trésor intouchable pour eux et pour leurs créanciers. C'est un placement sûr et presque éternel. Le ciel étoilé est une immense banque de richesse, où l'opulence a sa place. Mais hélas pour l'humain depuis bien longtemps, nombre de pauvres ont souhaité voir tomber l'une d'elle dans leurs mains affamés, près de leur corps décharné, sur le sol sans valeur, sans pensées, sans aide alimentaire. Que la détresse est dure à supporter quand tendant lentement les bras faibles et sans force vers elles, on peut presque les toucher, mais seulement dans l'imaginaire, dans l'espoir,* dans le trop cru. La déception est immense et attristante à la longue… L'espoir et les envies disparaissent et meurent lamentablement. 'Bonjour tristesse' avait écrit une femme, 'Adieu bonheur' en écrit un autre. Faut-il croire aux rêves impossibles, ou se contenter d'un petit bonheur rapide ? L'espoir fait vivre malheureusement, mais surtout il fait mal, il déçoit à la longue et perd de sa valeur…Il est alors comme ces étoiles, il devient imaginaire, lointain et intouchable.

*Les ténèbres et l'enfer ont ouverts leurs portes grandes… ainsi les flammes qui y étaient prisonnières s'y sont alors échappées sur terre rapidement. Là, maintenant se sachant en liberté totale, elles offrent leurs possibilités aux êtres humains. Hélas sur terre tout n'est plus que misère, peine et malheur. La misère est reine, les peines nombreuses et le malheur roi et immense. Se mélangeant aux trois autres, actuellement, la misère danse de joie faisant oublier les peines et les malheurs accumulés. Comme une séniorita, la misère chante et danse, oubliant ses peines et ses malheurs. Les peines se joignent à elles et chantent de bonheur, le malheur lui sautent de joie au dessus des flammes libératrices et si chauffantes. Le mal n'est plus, et le bien est.*

*Mais qu'est-ce que le bien et le mal quand tout va mal, ou pas trop bien ? Les flammes de l'enfer sont-elles si nuisibles quand l'avenir voulu par des scélérats gouvernants est imposé ? Le mal devient-il un bien faisant oublier, ou faisant danser dans l'obligation ?*

*Dictateurs et Dictatrices, les ténèbres et l'enfer ne sont parfois pas très loin de vous et de vos volontés morbides et si enfantines… Ouvrir les portes de l'enfer pour que le peuple connaisse, sache et subisse, vous est une satisfaction jouisseuse… Comme le disent les mots de l'évangile « Que votre volonté soit faite sur la terre comme au ciel ». En fin de prière, l'hostie brulant de votre mépris nous sera placé en bouche de force, et nous devrons l'avaler en disant encore merci. Je me prépare comme tant d'autres à danser bientôt aux* côtés des flammes de l'enfer, à connaître bientôt la misère, la peine et le malheur... mais aussi connaître la joie, l'allégresse et surtout l'oubli heureux et joyeux de vous... Merci grandement.

Dieux et Déesses de l'Olympe qui nous gouvernés, je vous salue bien bas, aussi bas que ne l'est actuellement cette planète d'humains et d'humaines en lambeaux et si miséreuse, face à votre grandeur majestueuse, imposante et obligatoire. Le mystique n'a plus de frontière, quant au ridicule, il devient gentiment notre royaume… à chacun sa partie. Nous, le ridicule de la misère et vous le ridicule de l'opulence insultante. L'inverse et la petitesse se mélangent, s'associent et se joignent pour vous montrer, pour vous rehausser, pour vous grandir joyeusement dans votre nanisme qui vous habille de si beau. Chaque jour pour vous est une victoire, chaque seconde pour nous est une déchéance et une décadence grotesque. Riez et amusez-vous tristes gens, les clowns que vous êtes ne sont que l'ombre d'un temps qui ne vous appartient que dans votre royaume borgne. Nous ne voulons y participer, ni y pénétrer, car la misère et la tristesse de nos jours nous suffit amplement. Notre royaume de l'infortune est si vaste que nous n'en ferons jamais le tour. La jalousie des gouvernants et le respect des gouvernés, voilà l'inverse et le contraire... Les aveugles face aux regardants que nous sommes. La jalousie coule dans vos veines, pareille aux fleuves des enfers appelés Achéron ou Styx.

Mais allez-vous nous dire perfidement : 'vous ne comprenez pas'. Même vos paroles sont fausses, lâches et tristes... Elles sortent du volcan que vous êtes, celui des ténèbres, et dévalent en déversant des flots de lave infertile, destructrice et insultante... Petits roitelets de cirque de troisième catégorie, faites vos tours de piste sur vos vélos de nains mentaux, en dictateurs et dictatrices que vous êtes et que vous avez toujours été. Dieux et Déesses de l'Olympe, ruinez-nous, insultez-nous physiquement, abaissez-nous plus bas que terre, vous n'êtes aucunement les premiers… et aucunement les derniers, car vous avez descendance.

Aujourd'hui habillés de honte sur vos volontés, demain vêtus de guenilles puantes sur vos jalousies, le silence sera nous, l'acceptation sera nous… Ces volontés sont l'amusement des enfants riches, débiles, dans leurs chambres seuls. Que le « Na » de votre colère s'ajoute au faste de vos caprices ridicules. Votre beauté est impressionnante dieu et déesses… notre laideur est repoussante, votre intelligence est remarquable… notre inculture est affligeante, car elle vient de vous… c'est vous qui arrosez cette plante et en prenez grands soins. Oh, comme vous avez de la chance d'être petits de tous les côtés, vous avez ainsi créé la géométrie du nanisme, mesure que nous ne connaissons pas et ne comprenons pas. Vous nous faites rire comme au cirque Romain d'antan, hélas, les cirques ferment leurs portes. Mais les clowns sont toujours là.

Je vous salue Déesses, et vous embrasse tendrement et bassement, car je connais vos haines, vos châtiments et vos colères, il vaut mieux les éviter plutôt que de les subir et les entendre, car elles sont hurlantes et impolies.

*Quant à vous Dieux de l'Olympe que ces déesses se joignent à vous et y restent loin de nous et de leurs fureurs hurlantes, car entre la colère d'un volcan et celle d'une déesse, je préfère le volcan, il est plus respectueux, et apportera demain la vie.*

~~~ *Citation* ~~~

En été, il est 5 heures de l'après-midi et en hiver, il est 5 heures du soir.

*Je vous salue respectueusement humains, en ce jour si beau, vous les maîtres de l'intelligence, du savoir et de la science exacte ; vous les grands, vous les découvreurs de tout, même du plus. Vous, les maîtres du temps et de l'horloge, vous qui pouvez aller là-bas et encore plus loin... Je m'abaisse misérablement devant vous et vous implore la pitié face à mon humble personne. Vous qui êtes partis de rien voilà longtemps comme des centaines de races et qui êtes arrivés comme l'on dit « A la force des bras » à devenir ceux qui... Je me couche sur le sol face à votre puissance si terrible...Mais comme la Castafiore dans Tintin, qui chante « Je ris de me voir si belle en ce miroir », moi je chante « je ris de vous voir si bête dans ce miroir », car votre cupidité, votre narcissisme profond* et légendaire, votre incapacité minable à réfléchir m'aide à rire puissamment. Vous vous dites intelligent, soit... je vais vous montrer et vous démontrer le contraire, humains stupides, ânes bâtés de la science qui infuse. Juste une petite chose ridicule, parlons-en... Votre calendrier planétaire, non celui de l'espace, mais celui de vos années terrestres, pauvres gens... Il est faux à rire de joie. Votre fierté vaniteuse, votre avidité sordide s'associe à ce carnaval d'erreurs flagrantes depuis si longtemps, que s'en est une béatitude magnifique. Regardons-le de plus près, petites gens. Tout simple mathématicien vous dira que sept est la septième symphonie de Beethoven, les sept péchés capitaux, les sept jours de la semaine, sept ans de malheur, que l'on traduit en calendrier par septembre. Que le simple moucheron, crabe, araignée de plafond savent tous trois sans y réfléchir plus, qu'il y a des insectes à huit pattes qui se traduit par Octo comme octopodes et qui donnera sur votre calendrier le huitième mois de l'année, octobre. Suivra fièrement et logiquement novembre, qui avant donnait : Novenaire les neuf unités, et Novendial, qui dure neuf jours, ou qui a lieu neuf jours après… Puis arrive à la suite, les décalitres, décamètre, décapodes, insecte ou crustacé à dix pattes… et qui donne décembre, dernier mois de ce qui est votre lamentable calendrier humain. N'oubliez pas surtout les mots anciens jeunes gens, il y en avait un : Décemnovenal qui était un adjectif pour dire : âgé de 19 ans… Décembre veut dire 10 ; novembre 9 ; 10 plus 9 égal 19…

N'oubliez pas non plus le mot 'décennal' qui lui, signifie garantie de dix années par une entreprise de construction, tout comme une décennie, dix années. Hélas, gens, votre année compte douze mois, que deviennent les deux derniers ?

Où sont-ils passés ? Disparus comme par magie... Humains, dieux de l'univers dans votre balourdise immense, vous voilà rabaissés au rang de rien et de pas grand-chose... Votre arrogance est à mourir de rire.

Voilà plus de deux cents ans que quelques quadrupèdes, (qui veut dire quatre pattes), ont créé un calendrier aussi bête qu'eux, et l'ont imposés aux autres quadrupèdes qui de bêtise immense, l'ont acceptés. Où sont passés, génies de l'espace et des distances, et génies *des eaux et forêts… le onzième et le douzième mois de l'année, nommés onzain et douzain par les anciens ?*

*Mais il en sera et il en est déjà de votre système et principe de l'heure, car si actuellement vos journées font 24 heures, il n'en a jamais été de pareil. Avant, il y avait des journées de 22 heures, 15 heures et même 7 heures 45 ou bien 4 heures 17 minutes.*

*Humains si intelligents, comment allez-vous faire quand votre horaire passera à 24 heures 9 minutes ou 13 minutes ?*

*Il paraît que le temps passe sans vous avertir par courrier… Que vont devenir vos montres, réveils, carillons, jours, semaines, mois, mais aussi vos distances, kilomètres et vitesses.*

*Je vous laisse à vos petites réflexions humaines, et rendez-vous dans 15 ans à 21 heures précises, le onzième jour du mois de l'année qui n'existe pas.*

*Signé : Votre sorcière bien-aimée,*

*Endora la terrible.*

La tristesse est une amie de route difficile. Chaque seconde elle vous fait vous remettre en question, elle vous abaisse tout en vous voulant plus fort, plus grand, plus fier. Elle va au plus profond chercher ce qui est enfoui pour le faire pousser au soleil de l'amertume, du désespoir, du chagrin où là, une fois en bourgeon, elle donnera la fleur noire si odorante au parfum exaltant, envoutant, interdit aux non-initiés. La tristesse est la fleur de la lumière, du jour, de l'aube et de l'aurore. La tristesse est la fleur de l'avant, du pendant et de l'après. La tenir en ses mains devient un honneur pour l'écrivain. La fierté d'être tombé si bas dans ce combat où la vaillance morale est plus forte que la vaillance physique. L'humain qui a connu la tristesse finira puissant, alors que celui qui aura connu la lâcheté finira ignoble. Il vaut mieux mille fois la tristesse qu'une fois la lâcheté. Mourir dans la tristesse est bonheur, joie et plaisir... mourir dans la lâcheté est petitesse, infamie, trahison. Gens lâches, je vous salue fièrement de votre petitesse mesquine, basse, vile, immonde, puante, nauséabonde, sans goût, sans âme, sans rien, vivez au soleil de la puanteur. Mauvaises gens, nourrissez-vous-en, abreuvez-vous-en, de son effluve, baignez-vous dans ses eaux saumâtres, pataugez dedans joyeusement, riez au plus fort de sa cupidité, de sa bassesse, de sa traîtrise si perfide... Soyez fiers, vaniteux, mais ne nous parlés jamais ou point... Votre odeur pestilentielle ne s'acoquinera jamais avec le sublime nectar de la tristesse.

~~~ *Citation* ~~~

*Avoir une inutilité immense par rapport à une utilité petite.*

De pauvres âmes perdues appellent au secours. Des vivants non égarés ne les écoutent pas… Les ténèbres ont pris la fuite dans une panique incontrôlable face à l'arrivée d'un jour pâle, triste, morne, et fantomatique. Je me brule les mains et les bras pour ne pas tenir l'étendard de la lâcheté. Plus jamais je ne tendrais les bras et les mains, mais mon cœur lui a ses bras et ses mains qu'il tendra avec fierté au bonheur de l'avenir une fois que la panique sera terminée.

Un jour ou une nuit, après le chaos total, les étoiles, or des pauvres, se sont effondrées du ciel et errent maintenant là, devant chercher partout leur chemin en mendiant leur pain comme des miséreuses, des parias, des apatrides. Vêtues de guenilles et de lambeaux, pleurant leur richesse d'antan disparut, elles avancent perdues et hagards dans l'ombre immense laissée par le chaos destructeur.

La pauvreté leur ouvre maintenant son lit peut-être un peu vengeur, insultant et revanchard, leur montrant hier leur fierté de briller loin d'elle, et aujourd'hui de lui demander grâce et pitié à genoux pour quelques miettes leurs redonnant espoirs, mais surtout pendant quelque temps, leurs couleurs recherchées, et tant elles.

Cette femme était devenue une feuille morte tombée là parmi tant d'autres dans cette période automnale si impersonnelle envers cette nature qui lui avait été donnée au faste de sa période de printemps et d'été. Aujourd'hui sous le vent pourtant timide, les belles feuilles rouge-orangé tombent doucement et silencieuses, mais hélas définitivement là, abandonnées à une autre vie, à un autre futur loin du foyer l'ayant vu naître, grandir, devenir elle. Pars, disparais feuille, tu dois, c'est, hélas, ton avenir d'aller vers ce qui nourrira le sol et lui apportera l'essence, la force, la possibilité de donner, de redonner à plus tard, la vie à d'autres feuilles. Hier bébé, puis enfant, adolescente, adulte et enfin vieille femme âgée, il en est de toi comme de cette feuille. Avant, naissante verte aujourd'hui, mourante rouge-orange, tu vas tomber sur ce sol comme tant d'autres. Sois fière femme, tu as donné la vie, aujourd'hui tu en montres les couleurs sublimes te rendant admirative. Va femme, toujours en voyant plus tard d'autres feuilles, je me souviendrai de toi dans une fierté intime et si réconfortante.

*Les fleurs de la pauvreté n'ont pas toujours les couleurs voulues et si attrayantes, mais elles viennent du cœur qui lui apporte et donne les couleurs du respect et parfois de l'amour vers et envers les autres. La pauvreté ne porte pas de masque vulgaire, elle affiche seulement celui de la tristesse, de la désolation, de m'amertume, du temps qui passe sans pouvoir le toucher, l'approcher, lui parler et lui dire. Le temps et la pauvreté savent bien que l'être et les êtres ont mal, mais tout comme eux, ils souffrent en silence, non fiers d'être présents en cette sinistre période. La pauvreté jure au grand Dieu, qu'un jour elle disparaitra, mais le temps ne lui certifie rien car lui-même n'est que le bras armé de la volonté de certains qui lui font durer le temps… Ces certains jouent sur le temps,* s'amusent du temps, prennent leur temps dans leur pauvreté intellectuel si minable et si méprisable.

Si les riches ont horreur de la pauvreté, il serait alors logique que le chaos soit ennemi de l'ordre. Mais le chaos sait que s'il perd, il tombera dans la pauvreté qu'il a toujours fui. Il connaitra alors la bassesse physique… il devra chercher des miettes pour trouver son repas, des gouttes d'eau pour étancher sa soif immense et des flammèches pour se chauffer au feu de l'enfer. Pour lui, la misère l'approchera de sa fin. Le grand chaos de l'illusion des malentendus et de l'ignorance devra subir le chemin de croix de la pénitence et devoir plus tard passer l'abime du doute et de l'incertain. Pour lui, il n'en est aucunement question… il préfère affronter l'ordre dans un combat d'amis où les règles sont truquées par lui… Il pourra alors se prendre grand seigneur et partir la tête haute, jeter des rires moqueurs, se gonfler d'orgueil et toujours attendre une future revanche. Le chaos ne vivra toujours que proche du miroir des illusions où il se verra riche, beau et opulent.

*Faut-il manger le pain des pauvres au son de la flute ou autres instruments douceâtres pour devenir plus fier, je ne le crois pas. Même si la musique adoucit les mœurs, elle n'adoucit en rien la misère, la faim et l'envie. Faut-il battre du tambour pour étancher sa soif, faut-il jouer de la trompette pour étancher sa faim ? Non, il faut battre le pavé sale et dur… Et lui ne joue aucunement. Le pavé si gris et si dur ne connaît pas un instant de pitié. Il vous laisse tomber sur lui, repartir, mais sait tristement, un tantinet victorieux qu'il sera dans pas longtemps votre dernier compagnon de route, de larmes, de chagrin et d'infortune. Pour lui la musique est inutile, seul le son de votre chute sur lui est sa musique favorite. Faites plutôt du vent, brassez de l'air, faites croire, cela fonctionne* admirablement et aide à vivre. L'illusion est une bouée de secours remarquable, servez-vous en allègrement. Le pavé l'entend marcher au loin sous des claquements de semelles neuves, des pas vigoureux, fiers et rapides qui frappent aux vents mauvais et incertains... Alors, devenez !

~~~ *Citation* ~~~

Il fait si froid dans les appartements des HLM, que même les fenêtres intérieures grelottent.

La contagion divine vient d'allumer les cierges funèbres annonçant que demain et après ne serait plus. Le dieu des pauvres vient de prendre son glaive contre la misère et lui a déclaré la guerre. Il s'est approché d'elle vaillant et volontaire, l'a regardé les yeux dans les yeux, bien de face avec un sourire vantard. La misère des humains depuis si longtemps, se pensait en sécurité et intouchable. Immédiatement le ciel est devenu d'automne, gris et chagrin, un temps de pluie s'y est ajouté, et le soleil sentant la mort venant effroyable, se coucha ailleurs, très loin de là. Des armées de pauvres peu à peu se forment et portent insultes à la misère esclavagiste. Les anges alertés par ces plaintes et colères arrivent sur terre… le puissant Saint-Esprit aussi… La misère sentant son trône vaciller fuit loin. L'ordre étant rétabli, de partout accourent les larmes de ceux qui espéraient tant en priant pendant des heures, des mois, des années. Le trésorier de la misère implore pardon et redonne aux humains, les liens d'or de la fierté et de l'envie. Demain et autres jours pour longtemps seront gloire et honneur.

Un jour, l'espoir plein de courage et de volonté voulut connaître celui qui est son inverse de toujours nommé le désespoir. L'espoir ne comprenait pas pourquoi son inverse se faisait, étant donné que lui était en clair, les portes du futur, la fenêtre ouvrant sur le bonheur, le chemin allant vers demain et surtout la volonté d'aller en toute sécurité partout. Donc plein de volonté, il prit sa valise et partit sur les chemins du bonheur. Le soleil se narguait de sa brillance si jaune, le ciel lui accolait un bleu doux tendresse, un vent timide enlaçait l'espoir le rendant audacieux, mais respectueux. De son côté, le désespoir plein de chagrin, d'amertume et de laisser-aller se morfondait assis sur une roche grise dure, le moral au plus bas, sans volonté, sans vaillance, sans énergie. Enfermé dans sa *solitude, il attendait le temps passé, plus qu'il ne le regardait. L'avenir n'était plus, et demain serait, hélas. Sur son chemin faisant, tout sourire radieux, l'espoir se contentait de peu... juste quelques fruits, d'un peu d'eau claire, d'une bouffée d'air frais, cela lui suffisait amplement. Le désespoir avait toujours faim, faim de connaître, de voir, de découvrir, d'apprendre, de savoir, hélas !!! L'espoir sifflait son bonheur, le désespoir chantait son malheur. Avançant peu à peu et voyant ce triste paysage, l'espoir perdit de sa haute... De son côté, le désespoir voyant un changement reprit de la belle. L'espoir perdait du courage et le désespoir en gagnait... Lentement l'espoir se laissa aller aux mauvaises pensées, alors que le désespoir lui devient seconde après seconde téméraire. L'un* lâcha et l'autre força, l'un s'arrêta et l'autre continua.

Morale : Il ne faut jamais grand-chose pour que l'un devienne l'autre. Rien n'est définitif, mais rien n'est impossible. Un espoir perdu n'est pas une fin et un désespoir peut être un bonheur futur. Tous deux, mots, sentiments et valeurs, ils sont aussi force, courage et demain. Ne rien lâcher, ne rien tenir, ne rien croire pour ne rien espérer. Tout peut venir et repartir. Avoir eu est un désespoir, mais pouvoir retrouver sera espoir... Croyez-moi. Le yin et le yang, quand l'un s'arrête, l'autre commence. L'espoir devient désespoir qui lui devient espoir.

Mon âme si attaquée de partout, forte épuisée et lasse, ne croit plus au futur. A-t-elle crut au passé, elle ne s'en souvient plus. Croira-t-elle à demain, elle ne le sait pas encore, car le flou du temps présent lui fait perdre toute notion de la volonté et de la réflexion. Être, paraître, devenir, demeurer, rester sont actuellement son combat, sa volonté et sa fierté si bassement tombée. Ne plus savoir mais seulement vouloir, ne plus espérer mais seulement croire, ne plus réfléchir mais seulement obtenir pendant quelque temps. Les arpèges de la tristesse, de l'obligation ont un son lourd et morne. La vie est une histoire écrite, dit-on, mais en ces instants, les pleins et les déliés de son alphabet sont une calligraphie étrange, triste, morne et incompréhensible. La volonté est une trace de caractère. Les caractères d'imprimerie *de mon courage graveront à jamais mon futur sur le papier de la tristesse, de la valeur et de la volonté, que mon âme croit. Demain sera !*

~~~ *Citation* ~~~

*La bonne sœur avait le corps net, et sur la tête la cornette. Tous deux dans un accord net, s'entendaient.*

Lentement ma pensée s'éteint, et demain peut-être ou certainement sera ou ne sera pas encore... Même si la pensée s'éteint, le courage naît et re-renaît. La force des choses est une force silencieuse... Elle est en nous tous et toutes. La pensée peut devenir volonté si cela est voulu. Courage est téméraire, pensée est calme... Que le calme et la témérité s'associent pour que demain soit beau, grand et heureux. Alors tristement j'attendrai, je ne suis plus à cela près, car vide de tout, mais plein de rien qui fera demain beaucoup, j'avance vers... Vers quoi je ne sais pas, seule ma pensée me le dira.

*Vent, toi aujourd'hui si puissant face à moi en peine, en tourment, en faiblesse, moi si faible, moi si facile à déplacer sous tes assauts. Je me souviens d'hier, quand j'étais volontaire, téméraire, tu étais là à me violenter, à jeter face à moi tes bourrasques, tes tempêtes et tes colères. Moi fort et têtu, j'avançais digne et te regardant de face, à te toiser, à te rire, à te narguer du haut de ma fierté si jeune, de mon entrain si puissant, de mon ardeur égoïste... Je te bravais te sachant perdant dans le plus tard, je te savais tomber à un moment face à ma hauteur narcissique. Je t'humiliais de ma harangue contre ton souffle qui ne m'impressionnait guère. Aujourd'hui, vieux, faible, sans force, tu prends ta revanche. J'implore présentement et docilement ta clémence, mais tu es devenue sourd à mes plaintes. Je pense cela parce que tu te souviens d'hier. Aujourd'hui, tu obtiens enfin ta vengeance, c'est toi maintenant qui est le coq perché sur ses ergots, fier et dictateur, riant de moi. Mais toi, tu n'es que vent et courant d'air, moi je suis humain et j'ai, hélas, eu d'autres affres dans cette vie injuste. Ce n'est pas de toi que je tombe au sol, mais des injustices nombreuses qui m'ont avec le temps enlevées la force, mon courage, ma volonté, mes envies. Souffle vent, je me donne à toi, dernier combat dont je suis encore la victime innocente... A tomber sous tes assauts où sous ceux de la bêtise humaine, je préfère les tiens que je connais de longtemps... Fais-moi plier, fais-moi me tordre, fais-moi reculer, fais-moi faible, fais-moi mort, je t'en remercierai à tout jamais, mon ami de toujours.*

*~~~ Citation ~~~*

*Dans le froid silencieux de la religion face à la misère, certains hauts catholiques ont en ce moment, la calotte glaciaire.*

*Les ténèbres et l'enfer ont ouvert leurs portes grandes, ainsi les flammes qui y étaient prisonnières s'y sont alors échappées sur terre rapidement. Là, maintenant se sachant en liberté totale, elles offrent leurs possibilités aux êtres humains. Hélas, sur terre tout n'est plus que misère, peine et malheur. La misère est reine, les peines nombreuses et le malheur-roi est immense. Se mélangeant aux trois autres, actuellement, la misère danse de joie faisant oublier les peines et les malheurs accumulés. Comme une séniorita, la misère chante et danse, oubliant ses peines et ses malheurs. Les peines se joignent à elles et chantent de bonheur, le malheur lui saute de joie au-dessus des flammes libérantes et si chauffantes. Le mal n'est plus, et le bien est…. Mais qu'est-ce que le bien et le mal quand tout va mal, ou pas trop bien ? Les flammes de l'enfer sont-elles si nuisibles quand l'avenir voulu par des scélérats gouvernants est imposé ? Le mal devient-il un bien faisant oublier, ou faisant danser dans l'obligation ?*

*Dictateurs et Dictatrices, les ténèbres et l'enfer ne sont parfois pas très loin de vous et de vos volontés morbides et si enfantines... Ouvrir les portes de l'enfer pour que le peuple connaisse, sache et subisse, vous est une satisfaction jouisseuse... Comme le disent les mots de l'évangile « Que votre volonté soit faite sur la terre comme au ciel ». En fin de prière, l'hostie brulant de votre mépris nous sera placée en bouche de force, et nous devrons l'avaler en disant encore merci. Je me prépare comme tant d'autres à danser bientôt aux*

côtés des flammes de l'enfer, à connaître
bientôt la misère, la peine et le malheur...
mais aussi connaître la joie, l'allégresse et
surtout l'oubli heureux et joyeux de vous...
Merci grandement.

Tout à l'heure, demain, si mes pas ne me portent plus, alors je ramperais... Si je ne peux plus ramper, alors je grifferais hargneusement les derniers instants, les derniers millimètres pour continuer à avancer vers, mais je ne lâcherai jamais.

J'implorerai l'impossible s'il le faut pour avoir encore la force de ramper, d'aller plus loin... Vous m'avez voulue impuissante et vous m'aurez puissante ; vous m'avez voulue pleureuse et vous m'avez rieuse ; vous m'avez voulue involontaire et vous m'aurez volontaire ; vous m'avez voulue vaincue et vous m'aurez guerrière.

Plus la volonté est basse, plus ma volonté est haute... Plus ma détresse est forte, plus mon bonheur est faible, mais le bonheur a plusieurs visages… et moi j'ai pris le pire, celui du bonheur perdu.

*FIN*

Copyright © Harry Trincheti, 2023
Édition : BoD – Books on Demand,
info@bod.fr
Impression : BoD – Books on Demand,
In de Tarpen 42, Norderstedt
(Allemagne)
Impression à la demande
ISBN : 978-2-3224-7099-0
Dépôt légal : Janvier 2023